카메라 옵스큐라

세종마루시선 006

카메라 옵스큐라

2021년 11월 22일 초판 1쇄 발행

지은이 유태희
펴낸이 윤영진
기획 이은봉 김백겸 김영호 최광 성배순
홍보 함순례
펴낸곳 도서출판 심지
등록 제 2003-000014호
주소 34570 대전광역시 동구 대전천북로 12
전화 042 635 9942
팩스 042 635 9941
전자우편 simji42@hanmail.net

ISBN 978-89-6627-211-2 03810

세종마루시선

006

카메라 옵스큐라

유태희 시집

시인의 말

나도 서정적 감흥이 넘치는 시를 쓰고 싶다.

대학의 교양국어 시간, 교수님의 첫 질문은 "시란 무엇인가"였다. 아무도 대답을 하지 않는 것이 어색해 내가 대답을 하기는 했지만 원하는 대답은 아니었다.

지금만 같아도 "시는 경험과 느낌을 압축과 은유를 통해 생략된 언어를 구사하는 문학의 한 갈래"라고 대답했을 것이다.

지금도 나는 시가 어설프다. 시제를 툭 던져놓고 아직도 마무리를 못 하는 어설픈 시인이다. 그래서일까. 나는 여전히 서정적인 시를 쓰지 못하는 미완의 시인 지망생이다.

나는 희망한다, 한 십 년 더 노력하면 존경하는 누구처럼 사람들이 낭송하기 좋아하는 시를 쓸 수 있기를. 시, 하여튼 내게는 늘 대간한 언어예술형식이다.

언제쯤이나 나는 서정적 감흥이 넘치는 시를 쓸 수 있을까.

2021년 10월

세종마을 꼭대기에서

유태희

차례

제2부

제3부

제4부

〈일러두기〉

*본문에서 〉는 '단락 공백 표시'로 한 연이 새로 시작된다는 표시이다.

제1부

그대도 꽃이니 나도 꽃

그대 천천히 뒤를 돌아보라.
그대 앉은자리를 보라.
그곳을 향해 흐르는
보이지 않는 힘을 아는가.

수억의 별들 우주를 떠돌다가
이곳 생명의 땅, 뿌리내린 뒤
여기저기 꽃으로 피어나고 있다.

섬섬옥수 수많은 세월 견뎌내고
온갖 시련, 신록이 되어
활짝 꽃으로 피어나고 있다
모두가 꽃이다 모두가 우리다.

그대, 하얀 꽃, 나는 붉은 꽃
그대, 고개 들어 앞을 보라.
고개 살짝 들어 밝은 빛 내거라.
어머니가 뒤에서 미소를 짓고 있다.

마리오네트marionette를 생각하며

드넓은 광화문 광장에서
촛불을 들던 때가 언제이던가

이제 그만, 정말 그만
그에게 영혼을 불어넣어야 한다.

저들의 무대에 그는 서 있을 사람이 아니다.
인형의 옷을 입고 억지로 무대에 선 것은
바보 같은 선량함으로
관객의 마음을 다잡아
행복의 반석에 올릴 수 있다고 생각했기 때문이다.

맞다 하나의 줄만 풀면
자유의 몸이 될 줄 알았다.

그는 하나의 줄을 풀기 위해
3개의 줄을 빌렸다가
이들 줄에 여기저기 얽혀 넘어지고 말았다.

지금이라도 늦지는 않았는데
예루살렘 법정에서 아이히만이 그랬듯
광주의 법정 앞에서 그는
'이거 왜 이래' 소리쳤다.
'왜 나만 갖고 그래'보다는 짧았다.
실로 조정되는 인형 마리오네트.

눈 감으니 흰 모시 적삼을 깔끔히 차려입은
늙은 시인 미당이 「자화상」을 읊고 있었다.

나도 미당처럼 팔십이 넘은 마리오네트에게
멋들어진 송시 하나 써 볼까나.

혹시 아는가 청와대에서
점심식사라도 초대될는지 말이다.

설익은 민주주의 그렇게 다시 땅속에 묻혔다.

아버지

나무처럼 높이 걸으시고
산처럼 강하게 사셨으며
봄바람처럼 부드럽던 분, 그분께서
보이지 않는 곳으로 가셨네.
그렇게 한 생명이 열매를 맺고 떨어졌네.

수천으로 찢어지는 가슴의 슬픔을
저녁노을과 함께 묻었네.

남아 있는 우리, 사랑으로 함께 가리니
새로운 삶으로 들어가
빛으로 나아가시길 비네.

죽음은 육신이 벗어나는 축제요
더 높이 올라가는
시작이며 이어짐의 연속이지.

무한에 대한 갈망이 무한을 증명하듯
당신의 생명도 그렇게 증명되겠지,

낮에서 밤으로 바뀌듯
이 날이 또 다른 날로 바뀌듯이.

두 번 다시 같은 날이 오지는 않겠지만
오늘이 가면 내일이 다시 오겠지.

아버지와의 추억을 한 삽, 한 삽 파보면
밝게 빛나는 얼굴
간직하게 될 것이네.

그래도 이 무거운 그리움 어쩌나.
아버지, 아버지, 마지막으로 당신을
목구멍이 찢어지도록 불러 보네.

2차 방정식

혼자라는 사치를 부려본 사람이라면
가끔은 외로움의 무게가 버겁다는 것을 안다.

그런 것을 해결하려 프로메테우스의 반지를 끼었다면
어느 날 정신이 번쩍 드는
진한 에스프레소를 즐겨야 한다.

알겠다, 아내가 최고의 애인이기는 하나
영원한 애인은 아니라는 것을.

그녀는 완전히 새로운 사람이다.
그녀는 네가 너 자신을
재료로 해 만든 너 자신의 존재다.

그녀는 너 없이는 아내가 될 수 없다.
그녀를 미워하거나 배반하거나
그녀와 겪고 있는 고민에 대해
친구들에게 이야기하지 마라.

그것은 너의 구부러진 손가락을
네가 욕하는 것과 같을지도 모른다.

혼자라는 사치를 부려본 사람이라면
어두운 방의 스위치를 켜본 사람이라면
욕망의 구조를 이해하는 사람이라면

그대가 땅에 떨어질 시간을 안다.
가끔은 산수가 아닌 이차 방정식을 풀어야 한다.

ax^2+bx+c=0 어허, 집중하세요.
사랑을 입은 배려는 날개를 달고
숨겨놓은 옷을 찾아 떠나는
선녀처럼 슬프디 슬픈 한 줄기 멜로디는
그대에게 내미는 아주 오래된 청구서.

장밭 고갯길

옛 고향 터전, 꽃향기도 그대로
추억도 다함께 모락모락하지.
몇 개 신나던 이야기와
몇 개 슬프던 이야기들,
고구마 쫀대기처럼 쫄깃쫄깃대지.

바람이 불면 바람이 부는 대로
초승달 아스라하면 아스라한 대로
두렵게 지나던 대나무 숲길.
초조하고 조급하던 고무신 발길.
십 여리 지루하게 걸어가던 학교길.

동네 사람이면 누구나 여러 번 들은
무섭고 겁나던 여우의 전설들.
윗동네 영현 가는 길가의 포강은
얼마나 많은 이야기를 숨기고 있었나.
가끔은 꿈속에도 보이던 장밭 고갯길.

구슬같이 찬란한 시냇물 건너던 그녀

반딧불 좇아 하늘을 날아다니던 곳.
지금은 다 부서지고 무너져버린 곳.
내 마음 깊은 곳에만 겨우 남아 있는 곳.
친구들 벌써 하나둘 사라지고 있지.

불야성의 도시에서도 잊지 않았던
꿈속에서도 그리워했던.
내 고향, 영혼의 안식처,
아직도 키 큰 푸른 대나무여
아련하고 따듯하고 행복했던 곳.

그녀의 노래가 시작되는 석정리의 밤.

파스타 이야기

오늘은 먹지 마,
그 붉은 파스타를.

수억의 별, 우주에서 뒤엉켜
생명의 땅에 뿌리내리고
꽃을 피우네,
우리 모두 꽃인데.

그대 하얀 나는 붉은
꽃, 꽃, 꽃이련만
무릎 꿇지 마.
축복은 기도하는 자의 것,
지나고 나면 결국
그것도 웃음이네.

오늘 파스타는 다음에.
오늘은 여기서 그만.

늙은 시인의 노래

저것은 옛날 숲속 생명의 눈.
늙은 시인들이 찾던 아스라한 꽃말.
그렇듯 꽃을 피우는 것은
천둥이 아닌 바람.

그것은 옛날 코흘리개 시절 흥얼대던
희미한 가로등 밑의
안드레아스 카펠라누스
다음 봄도 그렇게 푸르고 풍성하길.

그이의 녹슨 복숭아밭
철조망 넘나드는 장자의 나비.
자미성을 찾아 떠나듯
그렇게 봄바람이 분다.

산소의 조부님을 뵙고

안산 달빛에 잠기어 고요하고
안뜰 우물의 별빛도 맑다.
푸른 댓잎에 봄바람 슬쩍 스쳐
매화꽃 향기의 밤이슬 아슬하다.

흰머리 깊은 주름살 시리지 않고
한 점 등불처럼 빛난다 그것
백두삼천리에 낯붉히지 않아서인가.
삼가 풀잎에 살 베인 사람 누구인가.

봄바람

말하지 않아도 진실한 내 마음
그대에게 닿기를

산언덕 따듯한 봄바람처럼
꽃향기처럼, 그렇게 꼭.

마지막 꿈

혹시 그대들 지금보다 더 높은 세계에 살고 싶은가?

그렇다면 그대들 드디어 걸려들었군.

하기야 굵은 쇠갈고리로 만든 낚시 바늘을 드리우고 오수를 즐기며 기다렸지.

그대들도 눈치 빠르니 알겠지만 모든 인간이 다 빛의 몸은 아니지.

지구 옷을 입은 그대들은 모두 그렇게 될 수 있을 뿐, 뿐.

그대들 모두 영혼을 가지고 있지 않다고 할 수는 없지.

그대들 모두 분별력 있는 빛의 존재가 아니라고 할 수는 없지.

정도의 차이는 있지만 그대들 의식의 에너지는 반짝이지.

임무를 마친 후에 독자적인 존재로 남아 반짝이려면

빛의 몸의 구조를 지탱하는 능력이 있어야 하지.

그것은 주의력을 집중하는 자에게만 가능하지.

그렇지 않으면 그대들 자신을 잃게 되지, 마치 빛의 소멸처럼, 소리의 바람처럼.

〉

그대들 이제 의식의 에너지 속으로 흡수되어버리려 하지.

그대들 본래의 빛 속으로 돌아가니 단단히 자신을 챙겨 떠나시게.

그대들 만들었다는 그분 앞으로.

그대들 아오. 이 세상은

시간과 공간이 뒤틀려 모든 사물이 존재하고 모든 사건이 발생하는 무대였으니

어서 무대에 올라 기름 먹은 종이처럼 활활 타올라야 하지.

그것이 그대들 사명이지.

그러니 명심하시게, 그대들.

시간은 다른 무엇에도 의존하지 않으며

스스로 존재하며 외부의 어떤 힘에도 상관없이 항상 같은 속도를 가지나니

이제 마지막 때에 이르러.

〉

“기쁘고 즐거워하며 소를 잡고 양을 죽여 고기를 먹고 포도주를 마시며 취하라, 내일 곧 죽으리니.”

몇 번째 새로운 세상을 경험해보는 사람들을 위해

Listen, Little Man
들어라 소인배들아.

그는 말했지, 굵은 쇠창살 안에서.
나는 그저 아이를 가진 여인이 출산을 하듯
그대들에게 지껄여대는 것이다.

그들은 부른다, 당신을
하찮은 인간 또는 보통 사람이라고.
They call you
'Little Man', 'Common Man'.

왠지 알아? 인간은 지금껏
하나도 달라진 게……, 아니 개야, 죄야.
위대한 노동자들을 죽인 죄; 351 라이히 오마주.

Listen, Little Man
들어라 소인배들아.
쓰레기 생산자들아.

윤정희를 위한 변주곡

타이틀: 부성 혼동가설 paternity confidence.

'레이디 고우!'
가렛 브라운이 돌아가기 시작하자
나는 드디어 그녀를 올라탄다.
그러자 그녀는 하얀 손으로
나를 잡고 그녀의 안으로 밀어 넣는다.
온통 땀으로 범벅이 된
침대의 시트가 아름다워 보일 때쯤
그녀는 그제서 아무 말도 하지 않다가
갑자기 죽는 사람 시늉을 해대며
입을 연다. 가정행복기능완성.

이제 나는 그 사람이
피아노의 건반을 두드리지 않고도
며칠을 굶은 아프리카의 여인처럼 천사의 눈을 하고
스르르 그의 품에 안긴다.

'컷!'

그녀가 뜨거운 커피 잔을 집어 들고
하늘을 한번 응시하더니 가녀린 입술을 떤다.

우리의 해부학적 심리적 문화전통은
조상들의 짝짓기 성공과 실패에 의해
아주 정교하게 다듬어진 짝퉁,
가면에 가려진 덩어리, 짖지 않는 개.

그러던 그녀다. 첫 3년은 시간개념을
다음 3년은 공간개념을
그 다음 3년은 나를 알아보지 못했다.
그녀는 자신을 잃은 것이 아니라
나를 잃는 질환을 앓고 있는 것이다.

하기야 그녀는 '액션' 소리와 '컷' 소리에
하늘의 소리를 듣는지 몸을 길게 떤다.

자기야. 살다가 일이 잘 풀리지 않으면
밤하늘의 빛나는 별을 봐,

내가 거기서 반짝일 테니.

그러고 보면 썩 괜찮은 아이인
알로이스 알츠하이머가 외친다.
'천국의 표식이다'

꽃

유혹하라, 깊숙이. 오직 너의 향기는
꽃과 고양이처럼 빛과 향기로 시선을 끄는데

고양이의 몸짓으로 유혹하는 너
고양이는 부르지 않는데도 찾아와
가르릉가르릉 노래를 하는데

봄은 생명의 씨앗 터뜨려 여름을 선취하네.
가을은 마지막 남은 갑옷의 비늘 하나를 떨구고

살랑거리는 바람이 노래하면
모두들 시인의 홍얼거림으로 시제詩題를 거나니.

천사를 대신한 그녀에게

도로시 메이데이, 그녀의 생애는 남달랐습니다.
그녀는 위대한 어머니와 같았습니다.

우리 모두 조금씩 더 가난해지도록 노력합시다.

제 어머니께서는 돈암동 집의 부엌에
작은 단지 하나를
햇빛이 안 드는 구석에 가지고 계셨습니다.

밥을 하시기 전 꼭 쌀을 덜어내어
그곳에 부었습니다.
가난한 이웃을 위한 작은 몸짓이었습니다.

그녀는 말했습니다. 모든 사람이 조금씩만 덜 가지면
한 사람 몫이 나온다고,
우리 식탁에는 언제나 한 사람 몫의 자리가 더 있다고.

평생을 여성운동과 진보적 가톨릭 운동,
노동운동과 반전평화운동가로 살았던

도로시 메이데이, 그녀는 천사로 다시 태어날 것입니다.

이름도 메이데이, 뿌리로부터
온전한 삶을 살았던 사람이
그녀였습니다, 봄꽃봉우리 활짝 피듯이.

그대의 된장찌개

춘삼월 그대의 손맛
하얀 봉우리 속 향 드러내는 목련처럼
은근하고 은은했지.

그것은 뭐랄까? 어머니의
갈라진 손처럼 투박한 질그릇에
호박이며 감자며 채소들이 자리하자
된장을 몇 수저 무심히 집어넣고
손맛 내기 위해 조몰락조몰락
된장찌개라고 이름 붙여진
사랑의 교향곡, 1악장의 소나타

사람들은 감感의 맛이라지만
그것은 마음의 맛이며 사랑과 정성의 맛.
느낌이 손끝에서 뇌로 전해지는
그야말로 맛의 교향곡 지휘자.
아울러 순간의 미학.

나물을 조미하는 그대의 손맛

언제, 어떤 외로움,
일찍이 가슴을 닫아야 했던 순간,
세상 사람들을 신뢰할 수 없다고 생각하거나
나는 혼자라는 마음을 먹게 되는 순간,
먹어야 했던 진통제, 그 순간의 치료제.

나는 따뜻한 국물 한 수저 입에 떠 넣고는
침묵, 침묵하오. 가슴에 파문이 일렁이면
침묵, 조금 더 침묵하오.

봄은 겨울을 견뎌낸 사람에게 있듯
맛의 진미는 세월을 견뎌낸 사람에게 있네.
말로 표현하소. 아, 맛있네 하고
그렇게 표현되는 된장찌개는 맛의 춤을 더 추네.
소소하지만 찬란하게 빛나네.

제2부

나의 요리철학을 위해

모든 감각에 맛의 기억을 남겨주고 싶다.
무한한 우주를 바라보듯 세상을 바라보는 눈이라서 그럴까.
맛을 음미하되 레시피를 적지는 않는다.
자신의 미각을 믿고 나만의 방식으로 요리를 창조하고
추구하는 것은 오직 요리의 본질이지 획일화된 매뉴얼이 아니다.

맞다, 누구나 그쯤은 다한다.
나도 건강한 식재료의 맛을 살리는 자연주의 요리를 추구한다.
소금과 설탕, 기름을 최소한으로 사용한다.
우리 엄니도 내 아내도 그렇다.

동물성 단백질도 줄이고 식물성 메뉴를 더 많이 개발해 보려 한다.
나만의 한 방은 있어야 하니까.
나의 요리에 그대의 빛나는 영혼을 위해
조금 대간하기는 해도…….
근디 이 매미 소리는 어쩔뀨.

새움

새로 찾아온 밤이 시원해지기 시작했습니다.
나의 의지가 다시 조용해지는 것은
아마 이른 봄 탓일 겁니다.

무엇이 당신을 방해하나요.
우리는 알고 있지요
그래요. 침묵은 휴지처럼 가볍지요.

당연하게 대나무밭 너머로 보름달이 뜨겠지만
나는 다음 보름달을 보지 않을 겁니다.

봄에 달이 떠오르면 시간이 끝없을 테고 주머니에 찔러 넣었던 거친 손을 빼면 허공에 표류하던 단풍나무 씨앗이 달빛이 떨어지는 자작나무 위에서 춤을 추겠지요.

대지의 신이 분노하지 않는다면
첫 번째로 수선화 잎이 두터운 흙을 밀어내고
녹색의 부드러움을 드러내겠지요.

모두들 끝을 향해 가지만
끝을 두려워하는 걸 당신도 알고 있는 겁니다.

끝이 무엇을 의미하는지는 말하지 않을게요.

르네 마그리트 선생에게

위대하신 마그리트 선생이여.

어찌 그런 생각을 했습니까.

인어의 아름다운 용모에서 얼굴을 진흙덩어리처럼 뚝 떼어버리고,

하반신의 심볼을 세이렌의 노래처럼 바꾸어버리다니!

프로이드의 오이디푸스를 다시 그림에 불러내다니!

그것도 아프리카의 검은색을 주제로 말입니다.

꿈에도 기승전결의 논리가 흘러

해석하려는 인간본능을 위해 여지를 남겨놓은

그저 꿈의 배후에는 꿈꾼 자만이 알 수 있는 은밀한 욕망이 자리해 있듯이

이건 파이프가 아니야, 그냥 파이프의 이미지야, 라고 말해

소쉬르의 언어학이 춤을 추기 시작했지요.

기표시니피앙과 기의시니피에의 결합이 자의적이라는 것을.

르네 마그리트이여 이제야 알겠습니다.

〉

라캉의 말처럼 사람들 최초 욕망의 시니피앙이
타자의 욕망이라면
타자의 욕망이 본질적으로 갖는 결여를 통해
주체와 주체의 무의식이 탄생한다는 것을
인간은 타자의 욕망을 욕망한다는 것을.
르네 마그리트여 이제 알겠습니다.

이름이 있기 전에 이미지가 있고
이미지가 있기 전에 대상이 있다는 것을
사물의 본질적 특성을 비틀어 고정관념을 뒤엎는 그대여.
색즉시공 공즉시색이라.

종교란 인간의 존엄과 함께하는 자연의 세계요,
삶의 실존적인 고뇌를 되묻는 세계요,
위로와 사랑이며 평화와 희망의 세계입니다.
이처럼 종교는 인생의 가치와 답을 찾아주는 곳이 맞습니다.

하여, 성性과 문화와 이데올로기는
레오나르도 보프Leonardo Boff의 말처럼
인간의 주체성을 존중할 수 있는 사회를 지향하며
연대와 연민, 돌봄과 대화를 통해
사랑과 같은 가치를 내적인 힘으로 추구할 수 있어야
합니다.

르네 마그리트여 이제는 새로운 문명으로 패러다임의 기초를 놓을 수 있도록 그려주소서. 그대의 그림은 인류의 문명이 지구라는 공공의 집 안에서 재결합되어 있음으로…….

또한 이 지구 인구의 절반을 차지하는
여성의 성경해석과 여성이 경험한
하나님을 배제시키게 하지 마소서
여성이 주체가 되어 성경을 읽는다는 것은
잃어버린 남성다움을 찾는 일이며
남녀 모두 인간성 회복의 지평으로
나아가게 하는 또 다른 길이지요. 이제는

알프레드 히치콕이 자주 사용했던
맥거핀을 이용해서라도 몰입하게 하소서.

이제 고백합니다. 사실은 청탁할 그림이
하나 있습니다. 곧 서둘러 연락드리지요.

조르조 데 키리코에게

당신이 나에게 말했지요,
이 세상 모두가
신의 모습이며 우리는
속부터 겉모습까지
신의 입김을 느끼며 감사의 마음을 가져야 한다고.

당신이 내게 말했지요,
나는 입으로 말하며
신의 뜻을 따르며
내가 신을 바라보면
이 세상 모든 곳과 어머니와 아버지 안에
더러는 사랑하는 모든 사람의 안과, 동물과 꽃의 안에
나무와 돌 안에도 임해 계시다고.

앙드레 브르통이 당신을 찾아왔을 때
한마디만 했다면
그저 그는 입체주의 작가로 남았을 것이지,
초현실주의자는 아니었을 것을.

그랬다면 수수께끼를 그려낸
르네 마그리트가
내 그림을 해석하지 말라는 말은 하지 않았을 것이지.
빈 우산 위에 물 컵을 올리지는 않았을 것이지.

이제 당신의 자화상은 얼굴 여기저기에 균열이 생겨
몇 조각의 마른 페인트가 떨어질 것 같은
불안감이 생기지만 당신, 이탈리아를 가장 사랑한
화가라는 사실만은 변하지 않기를
러시아의 말레비치처럼만 화법이 변하지 않기를…….

당신은 내게 말했지,
The Mystery and Melancholy of Street에서
과장된 원근법과 따뜻한 색조 속에 어두움을 나타내고
크고 웅장한 건축물들에 대비해
작게 표현하거나 그것도 모자라
그림자로 처리한 사람들이
우울하고 왜소하게 보이는 것은
어떤 강렬함을 나타내기 전의 대비요,

미스터리해지는 것은 시선을 위한 것이라고.

오직 인간들의 용렬함 때문은 아니라고,
초월하는 의지와 인간성을 위한 것이라고.

그렇다면 신이여.
우리들에게 의심에 실려 두려움을 주지 말고
우리를 둘러싸고 있는 모든 것에 대해
오로지 사랑만을 주십사!

꿈

나는 호주 뉴사우스웨일스 주
망고호수 근처에서 토착 원주민인 애버리진Aborigine 부족의
젊은 여성을 화장한 뼈와 함께 발견되었다.

물론 뼛가루들이 대부분이지만
내 뼈는 액화천연가스로 태워지고
분쇄기에 들어가 금강의 모래처럼 곱게 갈아졌으나
그녀의 뼈는 나무 위에 올려 태운지라
해골과 골반 무릎뼈 부분이 덜 태워진 채
섞여 있었던 것이 사실이다.

제5기 빙하기가 오지 않았더라면
내 분골들은 세종시 바람재로 꿩마을
어릴 적 내가 멱 감던
용수 근처에 뿌려져 참나무와 소나무의 거름이 되었으리라.

큰형은 참 별났다. 통일신라 문무왕 이래

800여 년 동안 이어져 온 다비식 장례가 중단되고
유교식 장례법이 시행되어
우리 선산 부모님 산소 밑에 누웠다.
참 유별났다, 유별나, 큰형은.

물론 나도 가 봤다, 프랑스 파리
서기 1800년 세계에서 처음으로 문을 연
뻬르라쉐즈Pere Lachaise라는 세계최초의 공원묘지에.
영국식 정원개념을 한껏 살려 조성한 이 묘원에
쇼팽Chopin 발자크Balzac에서 이브 몽땅Yves Montand에
이르기까지
유명인들의 묘소가 자리 잡고 있는
도심 공원에 나도 가 봤다,
그것도 가을의 비 오는 날 버버리도 입지 않은 채.

하기야 프랑스 근대건축가 부로니야르Brongniart가
최초의 정원식 묘지로 설계하지 않았다면
여기저기 나뒹구는 해골들과 섞은 냄새들
빨간 매니큐어가 발라진 손가락으로 막고 지나가야겠지.

〉

이제 너도 욕망의 생을 마감한 너의 귓전에
급하게 관에 못질하는 소리를 들으리라. 나와 함께.

나

몸
맘
둘이 다투면 누가 이길까?

예수
부처
마호멧

손가락에 꼽을 정도의
몇 사람만이 겨우 이 질문을 넘어섰다.

자신 있다면 몇 년
깨달음에 매달릴 수도 있으리라.

하지만 안다.
자신을 속이지 않는 사람이라면
자기를 자기가 안다.

그러니 구차하게 핑계 뒤에

숨지 말고 앎에 의지해 살아라.

공감
그리고…….

바로 그것,
몸
맘
둘이 다투면 누가 이길까?

바로
그것.

니카노르 파라 오마주

이 세상의 모든 문제 때문에
이 땅의 사람들과 같이 온갖 인상을 다 쓰는
하늘에 계신 아버지여 더 이상은
저희들을 염려하지 마소서.

우리도 이제 그쯤은 알고 있나이다.
모든 문제를 해결하지도 못하며
당신의 능력에 비해
청원이 너무 많거나
하얀 악마의 괴롭힘에
진땀을 흘린다는 것을요.

오늘도 당신을 비웃는 신들을 바라보며
아직도 거룩하신 당신께 징징대고 있사오니
그까짓 악마의 웃음소리는 심려하지 마옵소서.

더구나 임금체불로 속을 썩이는 천사들과
당신의 다리를 붙잡고 울어대는 자들을 위해
천국 문을 조금 더 열어주시고

더 이상은 저희 때문에 고통 받지 마옵소서.

허나 당신도 아셔야 합니다.
하늘에 계신 신이
당신 혼자라고 하지만
미련한 저희들 눈에는
수백이나 더 보이니
유일신이라는 말은 거두어 주소서.
그러면 저희를 용서해 주신 것처럼
저희도 냉큼 당신을 용서해 주리다.

김여정 동무께

제2의 르네상스가 서울구치소 발전소에서 시작되었다는 거 아우?

쓸모없는 인간들을 화구에 집어넣어 에너지로 사용하고 있다 하니 그건 참 좋소.

아, 그건 염려 마오.

에덴동산에서 발원되어 흐르기 시작한 티그리스Tigris 강은

시간을 화살같이 빠르게 하기 때문에 100년의 세월은 금세 지나가고 말 것이니까.

거봐요. 벌써 세월이 많이 흘렀지요.

수감된 곳은 3.2평의 독방,

거기는 쇼빵이 아니고 SOFA, 한 · 미 행정협정을 위반한 사범, 미군을 가두던 곳이오.

근데 정자 · 난자 냉동기술에 대해 들어 보셨수?

영하 196도의 액체질소에 정자나 난자를 보관해두었다가,

훗날 임신 시에 녹여 사용하는 기술 말이오.

출산연령이 늦춰짐에 따라 미리 건강한 세포를 확보해 두기 위해서이기도 하지만

그대의 유전인자를 남겨두기 위해서요.

그 이유는 모르오? 그걸 내가 어찌 알겠소.

통일의 씨앗을 그곳에 넣었는지에 대해서도.

오랜 냉동 보관으로 인한 유전자 변형을 우려하지는 마시오.

지금으로부터 50년 전, 호주대학 연구팀이 숫양 4마리의 정자를 얼려 두었다더군요.

최근 이 정자들을 녹여, 약 1년간 얼려두었다가 녹인 정자들과 비교해 보았다오

놀랍게도, 두 정자 집단 사이의 움직임과 속도, 생존 능력, 그리고 DNA 상태에는 차이가 없는 것으로 나타났소.

이렇게 71년이라는 세월 동안 얼어 있던 정자를 활용해 인공수정에도 성공했다니까.

걱정은 마시오, 백두여성 동무!

남남북녀는 아직 사라지지 않았소.

통일은 그렇게 올지도 모르오.

박근혜 파면

— 사건번호 2016 헌나 1.오백삼번을 위한 큐시트

아폴로가 나치의 깃발을 숨기고 달나라에 도착했다.
아우토반에선 북아메리카 여자 인디언이
사슴 가죽으로 만든 재킷 비틀bietle을 입고 토끼의 초혼제를 지내고 있었다.

그녀는 마침내 이름도 빼앗기고 오백삼번이 되었다
빼앗긴 들에도 봄은 온다지만 두 해가 넘도록
상춘재 중정에는 모란이 피지 않았다.

조선 최고의 궁술가弓術家인 그녀는
과녁이 눈앞에 와 있다고 느낄 때
활시위를 놓는다. 과녁은 저 멀리 있지만
그녀가 느끼는 과녁은
지금이다. 바로 그때 적중한다.

그녀는 인생 전체가 지금 여기일 때
화살이 삶에 적중的中한다고 했다
그래서 선거의 여왕이 되었고,
지금은 수행한다, 네모난 방 안에서.

〉

囚, 네모 안에 사람이 들어가 있다.
소설가 김하기가 콩국수 레시피를 건넸지만
그녀는 차가운 매트리스에서 눈만 깜박거렸다.

囚, 드디어 그녀가 다시 알아차렸다
왼손과 오른손이 한 몸에 붙어 있다는 것을.

셰익스피어는 20년 동안 희곡 37편과
시형식의 소네트 154편을 썼다.
하지만 맥베스, 리어왕, 오셀로가 춤을 출 뿐이었다.

비평가들은 글이 정돈되지 않았다거나
줄거리와 등장인물의 전개가 믿을 수 없다고
지금도 셰익스피어를 비판했다.
그러자 촛불바람이 적폐들을 태우기 시작했다.

아인슈타인은 248편의 논문을 발표했다.
몇 편을 제외하면 영양가도 가성비도 떨어졌지만.

단테는 옥황상제한테 시간을 낭비한 죄로
호되게 야단을 들었다
얼마 전 휴가 나온 서생원이 전했다.

하지만 말이다. 그녀는 왕자를 찾을 때까지
개구리에 계속 입을 맞추어야 하건만
마야 안젤루처럼 외치고 있었다.
새장에 갇힌 새가 왜 우는지 나는 안다네, 라고.

100년 감옥의 문 앞에 수많은 입술이 찢어져 나뒹굴자
그녀가 겨우 입을 열었다
나는 일어서리. 아침의 고동과 함께.

코페르니쿠스가 지구가 태양을 돈다는 사실을
스물두 해 동안이나 침묵한 것은
깊게 뿌리내린 악마라는 소리를 듣기 싫어서였다.
하지만 그에게는 추기경이 있지 않았던가.

마침내 편지를 쓰고 왕에게 부탁해 비로소 세상에 나오

게 되었다는 이야기를
한음 이덕형의 친구 지산地山에게 들었다

그녀는 거울아, 거울아. 천년의 시작은 언제이던가,
하며 노래를 시작했다
아직 춤을 출 사람이 나타나지 않았는데.

이제 남은 출연자는 로자 파크스뿐!
파란 수의를 입고 그녀가 버스를 타지 않았다면
마틴 루서 킹도 없었고
오늘의 미국米國도 없었다.

적폐積弊가 없었다면
'moon river365' 문 리버도 없었다.
페이드아웃fade-out

아우토반autobahn: 1933.
폭스바겐비틀bettle: 1938.
아폴로Apollo 11: 1969.

〉

자자, 주목! 그럼 오케이 컷.

역경을 딛고 별을 향해

탐욕의 마음은 미래에 가 있다.
원하는 것을 아직 다 이루지 못했기 때문이다.
탐심은 늘 부족감을 내포하고 있다.

궁술弓術의 달인은
과녁이 눈앞에 와 있다고 느낄 때 화살을 쏜다.

과녁은 저 멀리 있지만
그가 느끼는 과녁은 지금 이곳에 있다.
그때 바로 적중的中한다.

그와 같이 인생 전체가 지금 이곳일 때
그가 쏜 화살은 삶에 적중한다.

내 마음에 가득한 탐욕은 미래에 가 있다.
아직은 원하는 것을 얻지 못했기 때문이다.
오늘도. 어쩌면 내일도.

비 오는 3월 어느 날

문풍지 우는 겨울밤, 나를 기다리는 여인
눈 녹은 산길 옆에선 쑥잎이 돋고
봄꽃은 아직 여름을 향해 달려가지 않았소.

그대 바람처럼 사라지지 마오.
내 노랫소리 한번 들어보오.

내 안에 숨겨진 나를, 구름과 바람처럼
내 생애의 마지막 날처럼 노래 부르려 하오.
길가의 복숭아꽃 화들짝 다 지기 전에.

민들레

같은 버스를 타기로 한 사람을 기다리며
길 복판 버스 정류소 꽃밭을 살피다가
금돌 틈에 서 있는 꽃 한 송이를 보았소.

차디찬 겨울밤의 추위와 외로움을
자동차 소리와 미세먼지의 시달림을 견디며
샛노란 꽃을 피워내고 있는 민들레라니!

내가 그에게 물었소. 당신은 여기서
무얼 하고 있소, 하고. 그가 내게 말했소.
나는 여기서 당신을 기다리고 있소, 하고.

설마 그럴려고? 벌이나 나비 등을
기다리는 것이겠지. 물론 그렇소, 하지만
당신을 기다리는 것, 그것도 실은 내 일이라오.

오, 그대

이제 내가 가야 할 시간은
그대 미소가 달콤한,
그대 손길이 따뜻한,
그대 봄바람 속.
따뜻함이 숨어 있는 곳이에요.
나는 그 속에서
꽃을 피우고 싶어요.
꿈속에서 그대를 만난 것처럼.

그대는 내 안에서
살포시 피는 꽃
눈물 머금은 슬픈 꽃 안에
그대가 있어요.
바람 같은 세월
다 견디어낸 뒤
저 하늘에 사랑별 뜨네요.
이제는 내가 가야 할 시간이에요.

개꿈

뭔지도 모를 꿈의 정체를 되새기다가
무서움에 총총히 도망치듯 떠났던
굽이굽이 길, 계룡산 자락
우산봉 지나 금병산 바람재 자락
안개구름에 길 잃은 칠십 늙은이 보았으니
무슨 늙음이 있으랴. 내게는 지금이 딱이오.

평생을 바람처럼 살아 부끄럼 배낭 가득하고
히말라야에서 만났던
백인 여인의 향기를 소환하라는
추상같은 일갈이
무하마드 알리의 주먹처럼 춤추며
내 약점인 왼쪽 턱에
어퍼컷으로 들어오는 프로이트적 해석.

됐다, 용이 사는 구룡천을 지났으니
곧 느실의 산말랭이리.
누구처럼 구름에 달 가듯이
검은 구름 몰리고 비바람 쏟아지는 날

거친 뚝배기에 더운 국 가득 담아내
밥숟가락 위에 신김치 올려 먹은 뒤
몇 번 씹을 것도 없이
목구멍 속에 넘기면 그만인
이도저도 잊은 너절한 나그네라오.

비단강 금강

저 멀리 바라다 보이는
저녁의 비단강, 굽은 허리가 휜다
할머니의 굽은 등처럼
수많은 전설을 품고 있는
금강은 아주 오래전
할머니의 노래로 태어났느니!

없어진 강다리는 도대체 뭐
추억을 깨워 나의 호흡을 소환한다.
그때의 냄새를 불러 세워
푸른 강물의 냄새를 맡는다.
그 안에 푸르렀던 내가 있다.
내 눈보다 맑은 그대 눈이 있다.

그대의 품 머물지 않고 길 떠나는
늙지 않는 금강을 바라본다.
형벌의 무게는 까뮈의 시지프스가 아니다
애비는 바람의 신, 아이올로스
에미는 희랍인의 시조, 헬렌

그것은 내 탓이 아니라 유전병일 뿐.

관타나모의 아가씨

바람 부는 종려나무 밑에서 자란
순박하고 아름다운 바람의 여자.
그녀만의 비밀을 아시나요.
내 영혼의 시를 노래로 부르지요.

아가씨! 너무 슬프게 울지는 마세요.
그대가 바람이듯 나도 바람이라오.
우리 함께 천 개의 바람이 되어
하늘을 덮는 분홍빛 바다노을이 되어요.

제3부

레퀴엠

— 레퀴엠Requiem의 개괄적 진실 혹은 고의

이것은 행위자가 첫 번째 행위에 의해 이미 결과가 발생하였다고 믿었으나, 실제로는 연속된 두 번째 행위에 의해 결과가 야기된 경우이다. 예컨대 갑甲이 살인의 고의로 을乙의 머리를 돌로 쳐서 을이 실신하자, 갑은 을이 사망한 것으로 오인하고 증거인멸의 의사로 을을 매장해 결국 질식사한 어처구니없는 드라마적 사건을 말한다.

또는 죽은 이를 위한 미사이거나
진혼곡이나 추도미사Requiem Mass라 하고
비 오는 날 진한 에스프레소에 노란 각설탕 하나 넣고
훌쩍거리면 제법 멋도 나고 커피향과 함께 쿠바의 하바나를 떠올리는 추억 시퀀스sequence.

독일의 작곡가 브람스의 작품 가운데 작품 번호 45번의 레퀴엠은
총 7곡으로 1868년에 완성되었으며 전곡 초연은 1869년 2월 18일에 이루어지고
가톨릭교회에서 부르기 위한 곡이 아닌 음악회용으로 작곡되고

형식은 일반적인 레퀴엠의 양식을 따랐소만…….

전쟁 레퀴엠으로는
영국 작곡가 브리튼의 대작이 있고
대부분 1961년에 작업이 이루어져 이듬해 완성된 후
코벤트리 성당의 축성식을 기념해 초연되는 작곡가의 반전反戰
그것은 평화에 대한 염원이 담긴 작품이라는 것을 기억하는 이유

조선에서 제일 큰 방직공장 집 아들이며
1963년 독일 부퍼달 파르니스 화랑에서 비디오 아트 예술가로 플럭서스 운동을 주도했던 백남준의 과달카날 레퀴엠도 기억한다. 이 작품은 1977년에 백남준이 제작한 비디오 테이프 작품. 태평양 전쟁에서 동서의 화해를 구하는 퍼포먼스 필름과 전쟁 다큐멘터리 필름을 교차적으로 편집해 만들었다. 그리고 추억한다, 뉴욕에서의 빛나는 만남을.
〉

정치인을 위한 레퀴엠 미사로는

라틴어로 '휴식을'이라는 뜻을 지닌 '레퀴엠requiem으로 시작되는

죽은 자를 위한 미사를 말하지만 대한민국의 슬픈 대통령 노무현 "탈상脫傷: 노무현을 위한 레퀴엠"이다. 공식적으로는 대한민국 제16대 대통령인 노무현 전 대통령의 서거 3주기를 기념하며 2012년 9월에 발매된 추모 앨범이다.

타이틀인 '탈상'은 고인이 죽은 뒤 1년 또는 3년간 제사를 지내다가

더 이상 상중喪中임을 나타내지 않는 의미의 '탈상脫喪'과 동음이의로, 여기서는 '상처 상傷'자를 사용해 '상처를 벗는다'라는 뜻이지만

이 앨범에는 가수 신해철, 조관우, 장필순, 시민 오케스트라 등이 참여해

노무현 전 대통령이 즐겨 불렀거나 과거 히트곡 등이 편곡한 버전으로 수록됐고

수록 곡 중 〈상록수〉의 경우에는 노 전 대통령의 육성

도 수록되었다.

DVD에는 2012년 9월 1일 봉하마을에서 열린 "봉하음악회" 하이라이트

음악인들의 레퀴엠 녹음현장, 노 전 대통령에게 보내는 영상 등이 담겼으니

초기 한정판에는 100여 페이지 분량의 스토리 북이 포함되어 있는데

전곡 가사집과 곡 해설, 노 전 대통령과 음악인들의 사진이 들어 있다.

앨범 제작진과 시민 후원단 2300명의 이름과 직접 쓴 메시지와

대통령 연보 등이 실려 있으니 천천히 살피는 재미도 쏠쏠하다.

레퀴엠은 죽은 이를 위한 조가弔歌

레퀴엠은 살아남은 자들의 헌가獻歌

레퀴엠은 하늘 문을 여는 열쇠.

아마도 쓰레기

날짜는 정해졌을 것이다.
내가 작년에 버리고 온 만리포 해수욕장의 쓰레기봉투투기 사건에 대한 상고심.

그날은 우주 진노의 날이니
세상을 잿더미로 만들고 다시 영하 100도의 추위가 20만년 동안 지속되리라,
다윈과 선지자의 예언을 이룬 것처럼.

얼마나 떨리는 일일까.
심판의 날이라 불리니
만물이 아닌 오직 하나,
내가 버린 쓰레기봉투가 노아를 칭송하게 되다니.

날짜는 정해졌을 것이다.
내가 작년에 버리고 온 만리포 해수욕장의 쓰레기봉투투기 사건에 대한 상고심.

매진賣盡

그대여 살아 있다면 집은 그리 멀리 있지 않다.
그만해. 너의 계획을 신은 무시할 테니.
그리고……, 이제는 시간이 무의미해졌다.

그것을 스타일이라고 하지.
글을 쓰는 자는
자기가 쌓은 모든 지식과 경험을 동원해야 하지.
상아탑에서는 현실의 보편적, 불변적, 필연적 측면을 담지.
현실감 없는 반쪽의 완성이지.
나머지 반쪽은 나 같은 사람의 잡글이 마무리를 하지,
엉터리라는 소리를 들으면서.

비는 내리기 시작하고, 거기에 바람까지 더하는
시나리오적 상상이
허무의 공간을 채우기 시작할 때 떠오른 생각 하나.
맞아. 그게 스타일이야.
수많은 사람의 각기 다른 개성.
그래서 그것을 개성이라고 하는 보편적 지식의 함의.

그래서 사람.

살아 있다면 집은 그리 멀지 않을 테니.
연극표가 매진되어도 지루하지는 않겠지.

공업共業

아아, 잊으랴, 어찌 우리 이날을,
조국의 원수들이 짓밟아 오던 날을,
맨주먹 붉은 피로 원수를 막아내어
발을 굴러 땅을 치며 의분에 떤 날을.

대전 선화초등학교 다닐 때 불렀던 노래
이 노래를 불러보시라, 용사가 될 테니.
이 노래를 불러보시라, 빨갱이는 나쁜 놈이 될 테니.

대전 시내 전체가 상이군인으로 넘쳤다.
그때는 큰 나팔 같은 스피커에서
힘찬 군가가 어린 내 발걸음을 가볍게 했다.
이 모든 것, 신의 뜻이다.
절대 인간의 탐욕이 아니다, 생각했다.

2003년 3월 22일
저 먼 나라 아라비아의 바그다드에
미영 동맹은 미사일을 동원한 대규모의 공습을 가했다
CNN이 이날의 공습을 중계했는데

세상 사람들이 모두 대단한 불꽃놀이였다고 했다.

그들은 우리의 적인가.
누가 만들어 놓은 개념인가.
얼마나 무서웠을까.
아우츠비츠 수용소와 다를 바 있었는가.
산산이 찢겨 공중의 여기저기로 날아갔을 살점들이라니
그들이 죽어가자 한쪽은 맥주로
다른 한쪽은 와인으로 축배를 들었다.

이제 다시 시간이 되었다. 전세前世에 지은
소행 때문에 현세에서 받는 응보인가.
몸과 입과 마음으로 짓는 선악의 소행이 밝혀지리라.
국제사법재판소의 검사가 낱낱이 죄상을 열거하리라.

아아, 잊으랴, 어찌 우리 이날을,
우리의 피가 빨갛듯 그들의 피도 빨갛던 날을.

푸른 기와집

주몽이 아킬레스에 살을 매기거나
홍길동이 황금박쥐로 변복을 하거나
임꺽정이 베트맨의 가면 속으로 들어간 뒤
내일 동경에서 출발하는
은하철도 999호를 탄다 하더라도
디오게네스는 오이디푸스의 눈을 찔렀으리라.

흰 새벽에도 늘 개가 짖는다.
멍멍.
바우바우.
바우와우.
하우하우.
와와.

그들의 아버지도 아이의 아버지였는데
거기에도 사실은 하나도 없고 온통 해석뿐이었다.

아마도 어제였지.
경찰의 바리게이트를 비웃듯 벗어난 뒤

허망한 기자회견장에서
그는 하인리리 하이네를 흉내 내기 시작했다.

"나는 그런 말을 한 적이 없습니다.
아니 기억이 나지 않습니다.
그건 아마 가짜뉴스일 겁니다."

남쪽을 향한 그 푸른 기와집에서
그는 얼마 남지 않은 머리카락을 위아래로 흔들면서
통성기도를 시작했다.

방금 날아온 요한 야콥 쇼이히처의 채석장의 도롱뇽처럼
그는 드디어 장수도롱뇽과 같이 놀기 시작했다
요순堯舜의 남면南面도 모르면서…….

스테이크, 스테이크, 스테이크

세인트헬레나로 가면서 나폴레옹은 주치의 앙등 마르시에게 말했다,
내가 죽은 뒤
내 위장을 자세히 부검해 보라고.

아침 음식 접시 위의 커다란 스테이크처럼
갈색 소스를 바른 채
그녀는 하얀 침대 위에 생소하게 누워 있었는데
오랜만에 쬐는 낯선 조명은
얼마 남지 않은 추억까지
웨딩의 슬픈 곡조에 파묻히게 했다.

빨간 양탄자를 느릿한 걸음으로 미끄러지던 조세핀은
과연 웨딩마치에 맞춰 부케를 들어보긴 했을까.
부케에 그리움 하나씩을 꽂아 보긴 했을까.

내 옆자리에 앉은 여자가, 몇 캐럿의 다이아몬드 반지가
갈라진 뱀 혓바닥처럼 날름거리며 치근거렸다.
〉

하하호호!
웅성웅성!

모피코트 위에 올려놓은 가죽장갑을 걷어
스테이크 접시에 살짝 올려놓고 나는 칼질을 계속했다.

피아노 소리, 피아노 소리
미디움 T-bone 스테이크 스테이크 스테이크.

조세핀은 과연 결혼식을 올려 보기나 했을까.
웨딩마치나 들어보고 세인트헬레나로 추방되었을까.

신부입장을 알리는 장내 멘트와 함께
다시 수군거리는 소리가 시작되고
낯선 장병들의 얼굴이 춤추기 시작했다.

귀와 귀 사이로
익지 않은 시선들이 어설프게 교차하고
콜라의 거품처럼

〉

평범한 기술은 이제 더 이상 비범한 기술이 아닌
평범한 기술임을 장렬히 밝혔다.

드디어 나폴레옹의 위장을 들어내자
이미 추방당한 조세핀이
알몸으로 그 속에 세 들어 살고 있음도 밝혀졌다.

흑백사진은 이제 더 이상 추억 놀이가 아니다.
역사가 과거나 현재가 아니라 미래를 지향하듯
아니 미래의 시금석인 것처럼
단 한 번의 메스로 명백히 밝혀지며
주치의 앙등 마르시에가 말했다.

꽃은 바람에 흔들려야 멋진 법이라고.

나는 페니스적 파시즘의 대명사

모른다, 왜 그랬는지.
한참이나 지난 뒤에 알았다.
사람들은 그런다,
그건 페니스 때문이라고.

사람들은 대부분
성추행의 행위자와 피행위자로 존재한다.
그리고 거기엔
여성의 침묵과 남성 우월의식이 함께 나뒹군다.
남성과 함께 살아가는 그들이 습득한 생활철학은 침묵이다.
그건 순전히 남성우월이요, 파시즘의 짜증나는 본태성 고혈압이다.

그리하여 장중하고 멋지게 외친다,
남성지배사회의 핵심은
페니스 뒤 성호르몬의 힘으로부터라고.
그리하여 문학적, 심미적, 음악적 상상력과 구성력을 가미해 사실이나 허구의 이야기나 영상의 표현 예술로 태어나, 즐기며 보는 자들을 즉결 심판에 회부하는 서사를 즐긴다.

그렇다면 느닷없이 들이댄
나의 골목길의 첫 키스도 성폭력의 한 부분이다,
그것은 전혀 여성의 감정이나 입장을 무시하였기에.
페니스의 힘이 없었다면
어떻게 묻지도 않고 설익은 입술을 덮쳤을까마는
이것이 그들에게는 파시즘의 어이없는 폭력성일 줄이야.

그래서 그들은 노크하는 법을 배운다,
화장실의 문을 벌컥 여는 것이 아니라
똑똑 두드리고 여는 법을.
본능 제어에 성공한 이성적 행위로 진주珍珠를 만들어낸
왼쪽 가슴에 번쩍거리는 훈장을 달고
수천만 원의 판돈을 걸고 화투 패를 돌리는
늙은 중들의 다 헤진 모시 적삼을 바라본다.

아직은 문을 두드릴 준비가 되어 있지 않다.

남성 욕망의 허약함을 은폐하는 치졸한 가면을 고발한 그녀들의 말을 경청하라.

학습되는 무력감과 재생산되는 폭력과 대물림되는 절망에 대해.

남근주의적 보복행위까지
우리를 재판부에 회부했다.

그래도 이것은 기억해야 한다.
OH대위의 마지막 말을
무려 1시간 반 동안 블랙박스에 고스란히 녹음된
번개탄을 피웠던 자기 차 안에서
본능적으로 흐느끼면서 죽기 싫다고 했던 말
살고 싶다는 얘기를
계속 반복하며 죽어갔던 슬프디 슬픈 이야기를.

한순간

시간이 지나면 비탈이 보일 거예요.
거울을 보면 알아차릴 거예요.

벼랑 끝에서 번들 렌즈로
삶과 죽음을 찍듯이…….

그곳엔 세네갈의 여인도 있어요.
과달하라의 가면도 있어요.

장님이 가슴으로 사진을 찍듯
무연 인화지에 넣기만 하면
관념은 길게 목을 빼지요.

콜라가 담겼던 페트병 속에서
내 영혼이 아라비안나이트처럼
조리개 값과 앵글의 거리를 꿈꿀 때

눈이 먼 채 사진을 찍는
나의 발가벗은 육체를

그저 보기만 하세요.

나는 오늘도 꿈을 꾸듯
조명도 조리개도 열지 않고
카메라의 셔터를 눌러대요.

아, 거기 귀밑머리 짧은
새초롬한 얼굴도 보이네요.

시간이 지나면 비탈이 보일 거예요
거울을 보면 알아차릴 거예요

순간이에요,
짧은 랩소디를 알아차리는 것이.

귀환

화성으로 쏘아 올릴 내 이름으로 된 우주선
살아 돌아오라는 명령을 받은 뒤
생존의 블랙박스 하나를 받았다.

발사 시간, 2125년 9월 21일 오전 8시 30분
2시간이 지나도록
발사 명령은 떨어지지 않았다
10분만 더, 5분만 더…….

발사장엔 레미콘 차가 연신 드나들고 있었다
입구에 세워진 지프차가 출입을 막고 있었다.

안개 같은 시멘트 가루 날리며 돌아오는 길
생존의 블랙박스 열어 보았다.
녹음되지 않은 회색 스웨터 하나, 만화책 몇 권.

갑자기 손이 거룩해졌다.
다시 힘이 솟았다.
나는 다시 돌아섰다,

텅 빈 발사대를 향해.

허둥대며 화장실에 앉아 있는 동안
다음 발사는 다시
2126년 3월로 정해졌다,
고양이가 부르지 않을 때 오는 것처럼.

그놈의 고양이.

추위에 흐느적거리는 영혼에 대한 영적 고찰

아직도 난 유아의 기저귀와 요람에서
헤어나지 못한 것이 분명하다.
그렇지 않고서야 어찌 구석기 시대의
그 긴 돌 외투를 걸쳐 입고
짧은 쾌감의 황혼을 불러댈 수 있겠는가.

추위에 흐느적거리는
큰길가의 가로등들이 외롭게 보일쯤
그대에 대한 그리움이 고개를 내밀고
아래채로 내려오는 하강의 순간에도
과일 향처럼 피어오르던 그대

착각이거나 순수이거나
몇 개의 베일을 첼로의 음률로 헤치고
그대의 입술이 생각난다.

전에 그렇게 한번 날았던 날개를 끄집어내
어설픈 첫사랑의 몸짓으로 소리 지른다.
레디 고우! 그리곤 이내

컷! 컷! 컷을 외치며 검붉은 대정맥의 핏줄을 세운다.

나도 너처럼 할 수 있을 거다.
라파로마의 탱고를 틀어 놓고
돈 후안과 김삿갓을 내 슬픈 방황의 거리로
불러낼 용기를 가질 거다.
그 숱한 만남과 슬픈 사랑이 연출했을…….

나는 아직 저절로 눈이 감기는 어머니의 냄새에 묻혀
두 발을 바둥대며 피터 팬의 날갯짓을 한다.
사람들은 미쳐 살다가 정신이 들어 죽는
그 지겨운 알아차림의 경계를 향해.

이 뭣꼬!

없는 무

냉장고 김치 통에서 산타 할아범처럼 벌건 놈을 꺼내
하얀 도마 위에 눕히곤 송송 썬다.

북어 대가리, 마른 멸치, 마른 표고버섯, 양파, 다시마를 파이렉스에 넣고
물도 넉넉하게 잡고 가스레인지에 중불로 올려놓는다.

족히 한 시간은 넘었을 듯싶어 국자로 맛을 보는데
갑자기 냉장고 야채 칸에는 없는 무 한 조각이 생각난다.

깊은 맛이 느껴질 즈음 썰어 놓은 김치를
참기름, 참깨, 식초로 맛을 내자
냉장고 안 어디에도 없는 무가 다시 생각난다.

밥통의 밥을 사기 국그릇에 가득 퍼 담고
끓는 육수를 몇 번이나 밥에 부으며 토렴을 한다.

새콤함과 고소함이 한데 어우러지고
나의 정성까지 버무려졌으니 웬만할까.

혀를 통한 소통이 통하길 비는데
부쩍 늙은 노모의 문득 미소가 값지다.

참 맛나다. 누님의 이 말 한마디가 목구멍에 걸린다.
받아 놓은 황천길이 멀다 하니 훠이훠이 잘 가시라.
지난해 담은 배추 세 접의 모습이 아른댔다.
꽁지 따내고 소금물에 절여 씻어내던 손도 참 시렸다.

설거지를 하다 보니 또 떠올랐다,
육수를 낼 때 못 집어넣은 무 한 조각.
이 무 한 조각이 혹, 그거 아녀?

모터사이클 옆 작은 텐트에서

낯선 볼리비아의 어느 산간 마을
모터사이클은 39년형 노턴norton 500, 포데로사의 바로 옆 작은 텐트
새벽의 붉은 태양을 기다리며
또 다른 여행을 준비하는
이방인 하나가 딱딱한 옥수수빵을 찢는다.

하늘을 맴돌던 늙은 콘돌 한 마리
비비 꼬인 뿔을 들이밀던 염소가
내 심장소리 같은 엔진 소리를,
먼 곳에서 들리는 종소리를
빨간 불의 브레이크 등을 바라본다.

아직 차가운 엔진의 감촉, 썩은 치즈 한 조각을 베어 물고
이방인은 또 다시 외로움의 코트 하나를 다시 걸치자
재천이가 웃었다.

그가 아르헨티나를 떠날 때부터

낡은 오토바이에 친구 하나.
떨어질지 모르는 두려움을 떨치고
마른입을 연다, 하지만 친구여 신념을 갖게.
단지 시간이 문제이거든.
그러니 친구, 먼저 신념을 가지게. 오케이!

젊은 날의 내 영웅, 아스따 씨엠쁘레Hasta siempre
체 게바라여, 영원하라.

나무상자

내가
나무상자 안에 누워 있다.

내가
나무상자 안에 갇혀 있다.

진한 어둠이 고인다.

작은 바늘 꺼내
구멍 하나를 낸다.

금세 상자 안이 환해진다.

내가 만든 검은 상자 안에
내가 버려져 있다.

내가 없으면
아무것도 없다.

달도, 별도 뜨고
바람도 분다.

독도

새벽빛
저녁 빛으로 만든 섬,
독도.

해국과 괭이갈매기
춤추고 노래하는 섬,
독도.

그곳에는
우리 집 막내 동생
단희가 있네.

지극한 사람은
내가 없는 법.

태평양이 시작되는
아주 작은 섬,

누대의 비장함이 서려 있는

우리의 영토.

등에 새긴 진충보국
단단히 움켜쥐게.

나를 보며

산속
쪽빛 바다
초승달 하나

찐 차
긴 호흡 한번
생사가 거기 있네.

휴.

카메라 옵스큐라

비로 저거야
피사체와 마주친다.

조리개 구멍으로
빛이 쏜살같이 걸어 들어오기를
인화지에 마법처럼
앉게 되기를

기대와 기대들이
하나의 전설로
회자되기를

욕망하는 낯선 바람
파랑새, 후드득 난다.

제4부

무제

짐작도 못한 어두운 바다 위로
붉은 옷 입고 나타날
그대를 기다리는데

하얀 침대 위로 열정의 기차
플라잉스코츠맨 60103호가 지나간다,
역도 지나친 채.

런던에서 온 뿌연 안개
모두를 하나로 묶는다.
너와 나도 하나가 된다

비로소 내가 떠오른다.
두둥실 두리둥실 둥둥
모두들 도버해협을 건너간다.

길

1.
길은
생각을 만든다.
길은
생각과 생각을 하나로 만든다.

길은
누군가가 생각하며 걷던 길을
내가 다시 밟으며 태어난다.

2.
한자리에 서서
자기를 지켜내는 것은 아름답다.

그렇듯 자기가 가야 할 길을
아는 것은 아름답다.

3.
숲 속으로 난 작은 길이거나

도시의 골목 끝,
후미진 길이거나
사람의 손길이 닿지 않은 길의 어디쯤
레이스 주렁주렁 달린 하얀 모자를 쓰고
베란다 달린 창문에서
삐죽 고개를 내밀던 여인이 연주하는

첼로의 저음이거나
플룻의 감미로운 고음이거나
잊혀진 망초꽃의
슬픈 소나티네거나
이도 아니면 첼로의 피치카토가 표현하는
깊은 동굴의 긴장감 어린
호두까기인형이거나
차이콥스키의 발레곡 2막의
클라이막스 파트인 신비의 궁전이거나……,

길은 생각을 완성하고
길은 창조를 노래한다.

길은 너의 길이자 나의 길이다.

4.

길은 걷기 위해 거기 그렇게 있다.

나는 광대였다

돌멩이가 하늘을 날다가 사람으로 변하던 시대,
님프가 월계수가 되고 호수와 강이 되던 시대,

인간이 밀랍의 날개를 달고 하늘을 날던 시대,
곰이 동굴에 들어 쑥을 먹고 선인이 되던 시대,
이제 그런 판타지의 시대는 지나가 버렸다.

그래도 아직 내게는 깊은 비밀이 하나 있다.
쉿! 집에 아무도 모르게 감춰둔 우렁 색시 하나
피그말리온의 생생한 전설 X 280~89.

집으로 돌아온 나는 정신을 바짝 차리고
사랑하는 이 우렁 색시의 조각상에게로 간다.
끌어안고는 입을 맞춘다 천천히 온기가 느껴진다.

그녀의 허리를, 가슴을, 어깨를 자꾸만 더듬는다.
이윽고 저 딱딱한 뻣뻣하던 여인

조금씩 부드러워진다. 히메투스의 왁스가 녹는다.
천천히 심장이 뛴다! 손바닥 아래 맥박이 느껴진다!

잃어버린 소리

그대 기억하는가,
밤하늘에 별들의 합창을,

그대 기억하는가,
비 오는 날 줄지어 전선에 앉아
구구대던 비둘기 소리를.

그대 기억하는가,
겨울의 허허벌판에 서 있는
허수아비의 소리를.

그대 기억하는가,
봄날의 뒤꼍 장독대 여기저기
고개 내미는 취나물 소리를.

아담과 이브가 뱀과의 약속으로
자연에 말을 걸던
유년의 미메시스적 소통은 다 잃어버렸나.
〉

모두 마법에 걸린 것처럼
이제는 개념으로 사물을 본다.

언어는 인간의 전유물이 아니다.
모든 사물은 죄 언어를 갖고 있다.

말로 세상을 창조한 하느님!
빛이 있으라 하고는
보시기에 좋았다고 하지 않았는가.

이렇듯 모든 자연은
언어적 본질을 가지고 있다.

시가 있으니 인간은 참 다행이다,
창조의 언어를 갖고 있으니.

오, 그대 죽음이여

1.

이걸 숙명이라 하나.
이걸 운명이라 하나.

모든 인간의 잔인한 학살자.
물정을 모르는
모든 존재의 추방자.

모든 인간의 끔찍한 살인자.
내 삶을 회수해
죽음에게 던지는 자.

육체는 땅에게 빼앗기고
영혼은 내게서 거두어
하얀 십자가 하나 남기고 가는가.

죽음이여. 승리의 춤이 지겹지 않은가.
나에게 명예라도 남겨다오.
〉

섬뜩함이여.

조지나시바르시끼여.

2.

바로 보라.

꽃도 거울인가.

거울에 비춰진 아름다운 꽃잎,

꽃잎은 아름답지만

동시에 아무것도 아닌 거울.

거울에 더러운 흙이

비춰지는가.

흙은 더럽지만

동시에 전혀 물들지 않은 거울.

그대의 희로애락은 어떠한가.

바로 지금 말이다.

〉
그대 마음의 거울에 비친
분노와 기쁨을 만져보라.

무엇이 만져지는가.
거기 만질 수 있는 것은 단 하나.

투명한 거울뿐
어떤 것도 없다.

3.
그대의 죽음은
어디에 있는가.

이제 그 스토리에서
벗어날 시간이다.

지금으로 돌아오라.
〉

지금이라는 순간으로 돌아오면
스토리는 사라진다.

죽음은 그 너머에 있다.

죽음을 넘어선 영생의 길.
우리가 가야 하는 길.

추방당한 감각과 상상의 변조變調를 위하여

목은 바짝 마르고 몸은 갈라져 찢어졌으니
무엇으로 옛 감각을 되찾을 수 있겠는가.

누가 예술을 이성에게 내어주었는가.
누가 문학을 과학에게 내어주었는가.

미켈란젤로의 휴식하듯 고요한 다비드인가.
베르니니의 역동적 순간인 듯한 다비드인가.

자세히 보았는가, 미소년인 목동 다비드를
힘으로 가득 채운 휴머니즘적 상상의 날개를

예술은 법칙이나 규칙이 아니다.
기껏 연역과 귀납의 카테고리가 아니다.

감각이 배제되고 상상이 의심되면
예술이, 문학이 되지 못한다.

이성과 윤리 속에는 그것들이 들어 있지 않다.

감각과 상상력을 변조하라. 조금은 진지하게.

AI에 대한 대박 기회를 알아차리기

기계 인간, 혹은 자동화 기계에 불과한 부류의 라인들.
이제 조금만 더 머리를 싸매면
인간수준을 넘어 천재성의 불꽃을 피우게 되리라.

자아를 변화시키려 할 필요가 없다. 그저 어느 적당한 날
멈추어야 할 때 멈출 수 있으면 될 뿐이다.
있는 그대로의 자신을 받아들일 때 이것은 가능하다.

초월은 변하거나 바꾸는 것이 아니라 넘어서는 것.
얼마나 쉬운가. 그저 한 발 내딛으라.

세상은 대게 두 가지 균형을 갖고 있다.
물리적 자연은 무질서 엔트로피를 지향한다.

그것은 그저 균형을 이루기 위한 것이며
최종적으로는 모든 에너지가 고갈된 열적 평형이 오리라.
더는 움직일 필요가 없는 균형 상태에 다다르리라.

그러니 안정된 틀을 고수하는 호흡 속에서
넉넉히 자아를 강화하라. 불안 속에서도
평화를 발견하는 흐름 속 부동심不動心을 붙잡으라.

이것과 저것 사이에서 치우치지 않는
중도中道의 길이 품을 벌려 안을 준비가 끝났도다.

자아를 파괴하지 않고 초월하는 AI처럼
아름다운 줄타기로 새벽 초승달을 오르는 그대처럼.

천국 전화

1009번을 눌렀다.
아버지가 받으셨다.

잘 계시지요, 아버지?
응, 그려.

거기도 모두 잘 있지,
엄마도?

그럼 됐어. 여긴 편혀.
아버지의 환한 미소.

내 마음도
조금 편안해졌다.

흑백사진에 대한 소고

흑백사진은 이끼 낀 순수의 샘물이다.
흑백사진은 모든 추억의 원형이다.
흑백사진은 열무김치의 국물이다.
흑백사진은 된장과 매운 고추이다.
흑백사진은 클래식의 낡은 음반이다.
흑백사진은 희미해진 어머니의 미소이다.

흑백사진은 천연색 사진과는 다른 모든 것의 함의다.
사진처럼 글을 쓸 수 있다면 모두가 행복할 것이다.

환경비상계엄 선포문

작금의 코로나 사태는 우리의 탐욕으로 만들어진 것이다.

환경오염으로 머잖아 태양은 어두워지고 바다가 크게 변해 땅을 덮을 것이다. 하늘의 별들도 빛을 잃고 스러지고 지상의 모든 동식물들도 생명을 다할 것이다. 우주에 또 다른 지구가 없다. 더는 환경파괴를 지켜볼 수 없어 뜻있는 사람들과 함께 이 지구를 지키기 위해 환경비상 계엄을 선포한다. 그에 입각해 이에 홍익인간과 이화세계의 구현을 위한 계엄 행동강령 포고 제1호를 발표한다.

이제 우리 모두는 이 지구의 일원으로서 다음의 포고문을 반드시 지켜야 한다. 앞으로는 환경계엄군을 시도군구동리市道郡區洞里에 주둔시켜 다음 포고문을 위반하는 자의 경우 강제 연행해 계엄법에 의거, 강력하게 처벌할 것이다. 또한 우리 모두는 자연의 섭리에 맞춰 수면하고 섭생하는 등 면역력을 키워 생태백신이 몸 안에서 자라도록 해 앞으로 있을 전염병에 미리 대비해야 한다.

〉

환경비상계엄 행동강령 제1호

하나, 모든 육식을 제한한다. 단 의사의 처방에 의해 필요한 경우는 제외한다.

둘, 모든 플라스틱제품의 사용을 금한다. 단, 계엄위원회의 승인에 한해 예외규정을 둔다.

셋, 비누를 제외한 모든 세제(주방세제. 샴푸, 린스 등)의 사용을 금한다.

넷, 모든 화력발전소의 전력생산을 금한다.

다섯, 모든 의류와 생활용품은 사용 기간을 가지며 재활용을 기본으로 한다.

여섯, 자동차, 자전거를 비롯한 모든 이동수단은 사용 기간을 가지며 친환경 자동차의 활용을 기본으로 한다.

일곱, 국민은 쓰레기생산을 줄이기 위해 식자재 종량제와 분리수거를 위한 지침을 준수하며 아껴 쓰고 나눠 쓰고 바꿔 쓰고 다시 쓰는 운동을 전개한다.

여덟, 고층빌딩의 건축을 제한하며 환경을 해치는 모든 산업 행위를 줄여 종국에는 자연을 보호하는데 이익이 되게 하고 동물사육을 대폭 제한해 지구 자연환경을 100년 전 수준으로 만든다.

아홉, 종교지도자들과 사회지도층 인사들이 앞장서 내 집 앞 내가 쓸기, 자연보호 운동, 기초질서 지키기 운동 허례허식추방 운동 등을 전개해 나가도록 한다.

열, 모든 가족은 가능한 한 가족끼리 정한 시간에 저녁 식사를 함께하며 시낭송의 시간을 갖는다.

이상 끝

환경비상계엄 사령부 사령관

시인 유태희

그게 인생이다

나무를 보라, 산들바람에 흔들리는 이파리들을
더 큰 바람에 흔들리는 가지들을
그래도 나무는 그 자리에 서 있다.

예뻐져야 한다는, 건강해져야 한다는 강박을 벗어라.
다만 그곳에 두 손을 모으는 기도를 넣어라.

그대여. 사랑에 기꺼이 흔들려라.
그대여. 그게 인생이니 기꺼이 젊어져라.
단맛에 스미는 짠맛이 진짜 맛인 것처럼

이 또한 얼마나 멋진가 그 달콤한 게으름에
가끔은 모든 구속에서 벗어나 함께 건너자, 이 강을.

설사

아차, 다시 또 사리瀉痢다.
내게 그렇게 부탁했지만
귀한 음식 먹고 설사라니.

나는 장腸이 약하다고 했다.
그래서 차가운 음식이나
너무 기름진 음식은 삼가라 했다.

여전히 음식 욕심이라니!
헛먹은 나이가 도드라진다.
이럴 땐 青李堂 선생을 찾아야 한다.

色과 空

권태로운가. 분노가
일어나는가.
슬픔이 찾아오는가.
그도 아니면
무서운 공포에 휩싸이는가.

다행이다. 이것들
다 가고 오는 것일 뿐!

문을 열어라, 그대.
비어 있음과
모양 없음과
목적 없음을 보아야겠다.

문 안에는 들어왔소?

Das Man

카더라 통신을 입에 올리는 시대의 총계
das man에 대한 해석

나의 나, 아직 실존하고 있는가.
그가 그대인가.

어제의 내가 아닌 지금의 나는
민감한 조종간을 잡고
작은 비행체를 하늘에 올려
나의 나를 촬영하며 실측하고 있다.

내가 나로서 존재하는가에 대한
그분의 점검일이 오늘이기 때문이다.

오늘은 그들을 넘어설 수 있을까
그 집단성의 '카더라'는
지금도 하늘을 날고 있다.
나의 존재와 그들의 존재를 실측하기 위해

원숭이가 고구마를 바닷물에 씻어 먹는
모방성이 각자성의 실존을 거부하는가, 물었더니
원래 자기自己는 없다고 한다.

저 사람도, 이 사람도 내가 아니다.
그들이 내 안에서 녹아드는가
내가 그들 안에 녹아드는가

본래적인 해석이 필요 없는 시대
5G 시대에는 각자의 비행체를
똑같은 높이로 올리는 것이다.

카더라 통신을 떠벌리며
경매사처럼 떠벌리는 봄날의 찬가여.

여자와 남자

이 세상에는 태양과 달이 존재하듯이
남자와 여자가 존재한다.

이 세상에 태양만 존재한다면, 달만 존재한다면
그처럼 남자만 존재한다면, 여자만 존재한다면
아무것도 존재하지 않는다,
물을 찾지 못한 나무가 살 수 없듯이.

남자, 이 어리석은 인간
너희는 여자를 진정으로 이해하는가.

진정으로 사랑을 받고 싶은가
그렇다면 여자에게 미소를 보내라.

너희는 신을 사랑하듯 여자를 사랑하라.
집을 주었으니 가정을 주었고
사랑을 주었으니 아이를 주지 않았던가.

너의 위대함은 모두 여자로부터 시작되는 것이니

이것이 진정한 아름다움의 진선미요
하늘의 뜻이요 신의 계시니라.

시인 수첩

늙은 시인의 노래

나의 글쓰기의 본격적 시작은 연애편지다. 중학교 시절 책 읽기를 즐겨한 나는 학교도서관의 책을 대부분 독파하였다. 무슨 뜻인지 모르는 책도 주변 사람의 시선을 즐기면서 읽었던 듯하다. 그러다가 고등학교 2학년 여름방학 전 등굣길에 내 일생일대에 사건이 발생한다. 여학생에게 연애편지를 받은 것이다. 콩당콩당 뛰는 가슴을 안고 교실에 도착한 나는 친구들을 앉혀 놓고 편지를 낭송해 주었다. 그 뒤 나는 친구들의 연애편지 대필자가 되었고 지금은 글쓰는 광대가 되었다.

돌멩이가 하늘을 날다가 사람으로 변하던 시대,
님프가 월계수가 되고 호수와 강이 되던 시대,

인간이 밀랍의 날개를 달고 하늘을 날던 시대,
곰이 동굴에 들어 쑥을 먹고 선인이 되던 시대,

이제 그런 판타지의 시대는 지나가 버렸다.

그래도 아직 내게는 깊은 비밀이 하나 있다.
쉿! 집에 아무도 모르게 감춰둔 우렁 색시 하나
피그말리온의 생생한 전설 X 280~89.

집으로 돌아온 나는 정신을 바짝 차리고
사랑하는 이 우렁 색시의 조각상에게로 간다.
끌어안고는 입을 맞춘다 천천히 온기가 느껴진다.

그녀의 허리를, 가슴을, 어깨를 자꾸만 더듬는다.
이윽고 저 딱딱한 뻣뻣하던 여인

조금씩 부드러워진다. 히메투스의 왁스가 녹는다.
천천히 심장이 뛴다! 손바닥 아래 맥박이 느껴진다!

―「나는 광대였다」 전문

시인은 만나는 모든 것을 한 꺼풀 베껴내고 살피고 곱씹는다. 그리고 그 안의 새로운 속살을 노래한다. 그래서 당연하게도 자연을 사랑하고 숲을 즐겨 찾는다.

1.
길은

생각을 만든다.
길은
생각과 생각을 하나로 만든다.

길은
누군가가 생각하며 걷던 길을
내가 다시 밟으며 태어난다.

2.
한자리에 서서
자기를 지켜내는 것은 아름답다.

그렇듯 자기가 가야 할 길을
아는 것은 아름답다.

—「길」 부분

나의 시언어는 어린 시절 읽었던 서양의 신화 속 언어들이 많다. 신화들을 철학적 사유로 발전시킨 책을 많이 읽었기 때문이다. 그것이 곧 나의 사유인양 자랑질하였기 때문이다. 지금도 나의 시 곳곳에서 발견된다.

저것은 옛날 숲속 생명의 눈.
늙은 시인들이 찾던 아스라한 꽃말.

그렇듯 꽃을 피우는 것은

천둥이 아닌 바람.

―「늙은 시인의 노래」 부분

그리고 찬란하게 빛났을 내 청춘의 젊은 시절에 영예로운 시인의 월계관을 쓰고 싶었다. 곳곳의 메이저 신문의 신춘문예에 도전했다. 아마 삼 년은 그랬으리라. 하지만 낙방하고 말았다. 그 후 남들처럼 잡지사 취직하고 밥벌이에 매달리면서 어설픈 내 시어들마저 내 곁을 떠났다. 아울러서 나의 시는 오랜 시간 기자(記者)라는 직업이 영향을 미쳤을 것이다. 그래서 유독 세상의 문제들에 대해 민감한 편이다. 여기서 러시아의 문호 톨스토이에 기대어 사람은 무엇으로 사는가를 노래해 본다. 인간의 마음속에 무엇이 있는가. 인간에게 허락되지 않은 것은 무엇인가. 같은 문제의 제기다. 결론은 사랑하는 사람만 살아남는다지만.

혹시 그대들 지금보다 더 높은 세계에 살고 싶은가?

그렇다면 그대들 드디어 걸려들었군.

하기야 굵은 쇠갈고리로 만든 낚시 바늘을 드리우고 오수를 즐기며 기다렸지.

그대들도 눈치 빠르니 알겠지만 모든 인간이 다 빛의 몸은 아니지.

지구 옷을 입은 그대들은 모두 그렇게 될 수 있을 뿐, 뿐.

그대들 모두 영혼을 가지고 있지 않다고 할 수는 없지.

그대들 모두 분별력 있는 빛의 존재가 아니라고 할 수는 없지.

정도의 차이는 있지만 그대들 의식의 에너지는 반짝이지.

임무를 마친 후에 독자적인 존재로 남아 반짝이려면

빛의 몸의 구조를 지탱하는 능력이 있어야 하지.

그것은 주의력을 집중하는 자에게만 가능하지.

그렇지 않으면 그대들 자신을 잃게 되지, 마치 빛의 소멸처럼, 소리의 바람처럼.

—「마지막 꿈」부분

누구나 알 듯 시는 학문적 논문이 아니다. 시는 연구의 형식이 아니라 감동의 형식이거나 향유(享有)의 형식이어야 함에도 그렇지 못하다. 한마디로 어설프고 함량에 미치지 못한다. 편안하면서도 따뜻한 구석이 드물다. 뭔가 문제를 제기하는 "기자질" 정신이 시를 끌고 가는 것이다. 한마디로 시를 쓰는 루틴(routine)을 새로 익혀야 한다.

Listen, Little Man
들어라 소인배들아.

그는 말했지, 굵은 쇠창살 안에서.
나는 그저 아이를 가진 여인이 출산을 하듯
그대들에게 지껄여대는 것이다.

그들은 부른다, 당신을
하찮은 인간 또는 보통 사람이라고.
They call you
'Little Man', 'Common Man'.

왠지 알아? 인간은 지금껏
하나도 달라진 게……, 아니 개야, 죄야.
위대한 노동자들을 죽인 죄; 351 라이히 오마주.

Listen, Little Man
들어라 소인배들아.
쓰레기 생산자들아.

—「몇 번째 새로운 세상을 경험해보는
사람들을 위해」 전문

이렇듯 하니 내 시를 좋아하는 독자들은 흔치 않으리

라. 편안하면서도 따뜻한 자연이거나 생생하고 활기 있는 이미지를 노래하는 시가 아니다. 나의 화자(話者)는 세상이 안고 있는 문제들이다. 자본주의와 현대의 탐미주의와 정치적 퇴행에 대해 딴지를 거는 것이다. 그래서 나는 항상 삐딱하다. 체제에 순응하는 예술은 예술이라고 할 수 없다고 생각할 정도다. 비판과 저항과 거부야말로 모든 예술의 생명이요 목숨이다. 그 푸른 목숨들의 가치를 저항의 노래들을 통해 새롭게 노래해보고자 했다. 나는 내 시를 읽으며 스스로를 우쭐하는 나르키소스를 닮았다.

목마른 한 사나이가 샘물을 내려다본다. 문득 그 샘 속에서 아름다운 사람을 발견한다. 그 아름다운 사람, 그 모습에 취한 이 남자는 샘 속에 비친 그 사람을 사랑하기 시작한다. 하루도 거르지 않고 그 사람에 취하여 샘물로 간다. 오직 그 사람을 사랑하는 일로 식음까지 게을리하면서 샘물 속 사람을 사랑하던 이 남자는 점점 야위어 가다 그만 죽고 만다는 이야기가 너무 멋진 내 '자백이야기'를 닮았다.

그리스신화에 나오는 나르키소스의 이야기에 새삼 내 가슴 뜨거워진다. 이미 사라졌다고 여긴 불굴의 기억들이 생생하게 되살아났다. 뭉클하는 울림이 짜르르 퍼지더니 늙어버린 분노와 삭아버린 열정의 심지에 불쑥 불이 붙는다. 낡지 않은 노래들의 생동하는 저항이 솟는다. 나는 이 에너지들을 받아 읊으며 든든한 동지들을 얻은 것처럼 힘차기도 하다.

아폴로가 나치의 깃발을 숨기고 달나라에 도착했다.
아우토반에선 북아메리카 여자 인디언이
사슴 가죽으로 만든 재킷 비틀bietle을 입고 토끼의 초혼제를 지내고 있었다.

그녀는 마침내 이름도 빼앗기고 오백삼번이 되었다
빼앗긴 들에도 봄은 온다지만 두 해가 넘도록
상춘재 중정에는 모란이 피지 않았다.

조선 최고의 궁술가弓術家인 그녀는
과녁이 눈앞에 와 있다고 느낄 때
활시위를 놓는다. 과녁은 저 멀리 있지만
그녀가 느끼는 과녁은
지금이다. 바로 그때 적중한다.

그녀는 인생 전체가 지금 여기일 때
화살이 삶에 적중的中한다고 했다
그래서 선거의 여왕이 되었고,
지금은 수행한다, 네모난 방 안에서.

四, 네모 안에 사람이 들어가 있다.
소설가 김하기가 콩국수 레시피를 건넸지만
그녀는 차가운 매트리스에서 눈만 깜박거렸다.

四, 드디어 그녀가 다시 알아차렸다
왼손과 오른손이 한 몸에 붙어 있다는 것을.

셰익스피어는 20년 동안 희곡 37편과
시형식의 소네트 154편을 썼다.
하지만 맥베스, 리어왕, 오셀로가 춤을 출 뿐이었다.

비평가들은 글이 정돈되지 않았다거나
줄거리와 등장인물의 전개가 믿을 수 없다고
지금도 셰익스피어를 비판했다.
그러자 촛불바람이 적폐들을 태우기 시작했다.

아인슈타인은 248편의 논문을 발표했다.
몇 편을 제외하면 영양가도 가성비도 떨어졌지만.
단테는 옥황상제한테 시간을 낭비한 죄로
호되게 야단을 들었다
얼마 전 휴가 나온 서생원이 전했다.

하지만 말이다. 그녀는 왕자를 찾을 때까지
개구리에 계속 입을 맞추어야 하건만
마야 안젤루처럼 외치고 있었다.
새장에 갇힌 새가 왜 우는지 나는 안다네, 라고.

100년 감옥의 문 앞에 수많은 입술이 찢어져 나뒹굴자
그녀가 겨우 입을 열었다
나는 일어서리. 아침의 고동과 함께.
하지만 그에게는 추기경이 있지 않았던가.

―「박근혜 파면 ―사건번호 2016 헌나 1.
오백삼번을 위한 큐시트」 부분

나는 어제도 떠들었으니 오늘도 시의 형식을 빌려 떠들 것이다. 나는 이것을 시대정신이라 말하며 내 시어들에 대해 위안 삼는다. 시대정신(時代情神)은 이 시대에 살고 있는 사람들의 보편적인 정신자세나 태도를 말하는 것이 아니던가. 그렇다면 지금 우리 사회의 시대정신은 무엇일까? 그건 민주주의나 정의, 자유, 평등 같은 名詞들이 아니라 진실이라고 생각한다. 그렇다, 우리 시대의 정신은 바로 '진실'이다. 진실은 언제고 어디서든 횃불처럼 빛난다. 수려하거나 화려하지 않아도 진실은 보석처럼 눈부시다. 5년 전 박근혜가 대통령이 된 뒤 '대한민국은 성형공화국인가'라는 재목의 사설을 썼었다. "대통령이 성형

을 하면 국익에 얼마나 도움이 되는가. 영국의 대처나 독일의 메르켈은 성형하지 않고도 정치를 잘한다."는 요지였다. 기자 동료들이 대통령에 대한 예의가 아니라고 걱정해 주기도 했지만 나의 딴지걸기는 계속되었다. 이번에는 세종시에 붙은 현수막에 대한 사설이 문제가 되었다. "세종시는 노무현이다" 어찌 노무현만의 공일까? 오히려 박근혜도 이명박으로부터 세종시를 지켜냈다. 그렇지 않은가, 곡식들이 온 들판에 황금색의 결실을 노래하지만 누구의 노래처럼 천둥과 벼락 몇 개, 해와 달의 공도 있는 것처럼.

이제 다시 꿈꾼다. 내 아이들과 열여덟 시간의 서울에서 인천까지의 긴 행군과 내 아들 재천과 할리데이비슨 1952 WLA Model 뒤에 낡은 추억의 텐트 하나 싣고 케냐의 항구도시 몸바사에 애마를 내리련다. 거기 나꾸루, 나이바사와 세렝게티를 거쳐 탄자니아의 만야라, 킬리만자로의 눈 덮인 산과 응고롱고로의 황토 먼지 풀풀 대는 아프리카의 냄새를 뇌에 주련다. 그렇게 이 세상의 끝 남아공에 닿아 케이프타운의 볼더스 비치에 뒤뚱대는 펭귄을 바라보며 차가운 캔맥주를 즐기리라.